AF613315

Les soussignés, MEMBRES DU CORPS LÉGISLATIF, ayant pris lecture du précis du citoyen *Veyrat*, relatif au nommé *François*, émigré, de sa correspondance et des pièces intéressantes concernant la journée du 18 fructidor dernier;

Invitent les membres du DIRECTOIRE EXÉCUTIF à prendre en la plus sérieuse considération, la position du citoyen *Veyrat*; ils pensent que ce bon républicain ne peut, sans injustice, être oublié plus long-tems du Ministre de la police générale à qui il peut rendre les plus grands services.

A Paris, le 7 fructidor, l'an VI de la République une et indivisible.

Signé, Enjubault.
Hardy.
Lefevre, de la Seine-Inférieure.
Segretain.
Bourgois.
Bara.
Richard, des Vosges.
Provost.
Dochedelisle.
Gossuin.
Mémontier.
Pouret.
Maupetit.
Noblet.
Vinet.
Merlino.
M. Chenier.
Delpierre.
Dupire.
Delabuisse.
Pottiez.
Duhot.
Martin.
Devink-Thierry.
A. L. Thestu.
Lesage-Senault.
L. Declercq.
H. Declercq.
Gauthier, de l'Ain.
Woussen.
Dessaix.
Chastel.

PRÉCIS

Des Faits relatifs au nommé François, émigré, premier agent du prétendu Louis XVIII et de l'Angleterre :

Correspondance relative à ces faits :

Suivi de pièces intéressantes et relatives à la journée du 18 fructidor.

AU

DIRECTOIRE EXÉCUTIF.

CITOYENS DIRECTEURS,

Toujours jaloux du bonheur de la République, je ne cesse de porter sur elle un œil attentif, je ne cesse de l'environner et de la défendre; mon tems, mes veilles, tout en moi lui est consacré avec cette brûlante activité, cette pureté d'ame et ce désintéressement qui n'appartiennent qu'à un républicain. Le poignard est-il levé sur elle ou sur ses magistrats, sans autre mission que celle qui émane de mon patriotisme, je me mets à la poursuite de ses ennemis, je les atteins, et, bravant tous les dangers qui m'environnent, j'assure de nouvea[illegible] [illegible]mes à la liberté.

Vous [illegible] savez, CITOYENS DIRECTEURS, aucune circonstance n'a pu paralyser mon zèle, et, lors même qu'on a brisé dans mes mains l'arme du pouvoir, je n'ai pas moins continué de rendre des services importans, et qui vous ont été agréables. Vous approuverez également le motif qui me fait aujourd'hui mettre au jour la procédure du nommé *François*, émigré, agent en chef du prétendu Louis XVIII et de l'Angleterre; du nommé *Pollet*, bien reconnu, par des pièces matérielles et incontestables, pour être le banquier de *François* et son agent intermédiaire avec l'Angleterre, d'où il retiroit des fonds considérables qui étoient ensuite employés à payer les agents secrets que les ennemis de la République entretenoient à Paris; des nommés *Poisson*, *Marcus* et autres individus reconnus par *François*, pour être ses principaux agents à Paris; de ce *Poisson*, désigné d'une manière positive par *François*, pour être celui qui distribuoit l'or corrupteur......

Ayant appris (et un magistrat respectable vient lui même d'en donner l'avis au Ministre de la Police) qu'une somme de *dix mille louis*, provenant de l'Angleterre, devoit être déposée à Paris, et distribuée à des personnes qui, par leur influence, pourroient coopérer à la liberté des *Pollet*, *Poisson*, *Marcus* et autres agents, j'ai pensé qu'il étoit de mon devoir d'arrêter les progrès de cette corruption, en mettant sous vos yeux un compte exact, fidèle et authentique de tout ce qui est relatif à ces individus.

Un sentiment d'affliction, peut-être aussi le sentiment de moi-même, m'ont engagé à réunir à ce compte, et vous présenter de nouveau plusieurs pièces me concernant, et particulièrement mon précis relatif à la journée du 18 fructidor et à ma destitution. Déjà *trois fois*, depuis cinq mois, vous avez accueilli mes réclamations, et vous les avez renvoyées au Ministre de la Police: j'attends le *prompt rapport* que vous l'avez chargé de vous faire.

Pardon, Citoyens Directeurs, si je vous entretiens encore de moi; mais le citoyen qui a exposé sa vie et sacrifié sa fortune pour sauver sa patrie, a quelques droits à la reconnoissance.

VEYRAT

Paris, 1er fructidor, an 6 de la République.

PRÉCIS

Des Faits relatifs au nommé François, émigré, premier agent du prétendu Louis XVIII et de l'Angleterre.

Le 15 brumaire dernier, un de mes agents secrets m'informa qu'un individu, revêtu tantôt d'un habit noir, tantôt d'un uniforme d'officier piémontais se rendoit fréquemment dans différentes maisons, que depuis longtems je faisois surveiller comme recelant des ennemis du Gouvernement. D'après cet avis, je chargeai deux agents de police de ne pas perdre de vue cet individu, je leur traçai la marche qu'ils avoient à suivre, et je sus la varier d'après leurs rapports journaliers.

Le 4 frimaire, j'appris que l'individu surveillé étoit sorti de plusieurs endroits avec des paquets de papier sous le bras, et qu'il avoit été retenir une place à la messagerie, pour se rendre à *Turin:* je fus en informer sur le champ le ministre de la police générale; je lui demandai des ordres pour arrêter cet individu, comme s'étant rendu très-suspect par la conduite qu'il avoit tenue depuis vingt jours qu'il étoit sous ma surveillance.

Le lendemain, jour fixé pour son départ, une

heure avant l'instant où il devoit se rendre à la diligence, j'arrêtai cet individu. J'appris de lui qu'il se nommoit *Lespinasse* : il me dit qu'il étoit négociant à Turin. Je fis faire une perquisition dans sa chambre, et il se trouva dans sa malle une nombreuse correspondance d'émigrés, dans laquelle étoit une lettre portant pour adresse : *madame Falagny*, qui paroissoit être écrite à une émigrée, par son mari émigré lui-même, et dont le contenu sembloit annoncer l'importance du rôle que jouoit dans la scène projetée de la contre-révolution le personnage qui l'avoit écrite.

Lespinasse interrogé sur cette lettre, déclara qu'elle lui avoit été remise par un nommé *François*, demeurant à Paris, près le boulevard. Je l'invitai à donner un renseignement plus précis sur l'adresse de cet individu ; il me dit qu'il ne pouvoit m'en donner d'autre, mais il offrit de me conduire chez lui. Je rendis de nouveau compte au ministre, je reçus l'ordre de mettre *François* en arrestation ; l'exécution de cet ordre n'étoit pas sans difficulté ; j'ignorois l'adresse de *François*, *Lespinasse* n'avoit que des renseignemens très-imparfaits à me donner à cet égard ; je ne pouvois pas en confier la recherche à des agents de police, dans la crainte de fournir à *François*, en éveillant ses soupçons, l'idée de se soustraire, par la fuite, à une arrestation dont il n'auroit pas manqué de regarder cette perquisition comme un prochain avant-coureur.

Je choisis *Lespinasse* lui-même pour l'instrument de mon expédition, et je le forçai de se conduire d'après mes instructions. Je plaçai deux agents de police à peu de distance de la maison où *Lespinasse* m'avoit dit que *François* devoit être, et j'entrai seul avec *Lespinasse*. Nous montâmes dans l'appartement que *François* occupoit, je lui renouvelai mes instructions ; il se fit connoître et nous fûmes introduits, nous entrâmes, *Lespinasse* et moi, dans les deux premières pièces : j'arrêtai le nommé *Privé* son hôte et son gardien et je l'empêchai de nous annoncer. Je fis répéter à *Lespinasse* la leçon que je lui avois donnée : le succès répondit à l'attente : au son de sa voix, la porte de la troisième pièce, où *François* étoit relégué, s'ouvrit : il apparut : je lui appris le sujet de ma visite.

François fut frappé comme d'un coup de foudre, mais il ne tarda pas à se remettre ; il se consulta avec *Lespinasse* et *Privé* sur le parti qu'ils devoient prendre à mon égard ; la localité m'empêchant de faire aux agents que j'avois postés près de la maison, le signal convenu entr'eux et moi, seul au milieu de ces trois individus qui se disposoient à m'échapper ou à me faire un mauvais parti, je sortis de la pièce où nous étions pour gagner une croisée de la chambre voisine, d'où je pouvois faire mes signaux ; je les fis en effet ; mais ce court intervalle leur donna le tems de se renfermer. Ils pouvoient fuir : il existoit dans la chambre où ils étoient tous trois, une armoire tournante et bien garnie, qui donnoit dans une pièce voisine, moyen de se cacher des plus ingénieux, que *François* avoit imaginé et qu'il avoit exécuté à grands frais peu de jours avant son arrestation ; je ne perdis pas une seconde : je m'opposai à l'entière fermeture de la porte, ou plutôt je l'arrachai malgré leurs efforts, que mon courage et ma force rendirent impuissants. Je m'élançai au milieu de ces trois conspirateurs ; je saisis *François* au collet, je lui enlevai des mains un pistolet déjà dirigé sur ma poitrine ; mes agents arrivèrent ; déjà *François*, *Lespinasse*, et *Privé* se tenoient pour vaincus, ils se rendirent et se soumirent aux ordres dont j'étois porteur, tout cela se fit avec la rapidité de l'éclair.

François, *Lespinasse* et *Privé* furent aussitôt conduits à la police. Le premier fut interrogé par le citoyen *Hanoteau*, juge de paix (on n'avoit trouvé chez *François* aucune pièce à sa charge ; la lettre par lui remise à *Lespinasse* étoit la seule dont on fût nanti). Il convint l'avoir écrite à son épouse, émigrée, résidente à la cour de *Turin*, en qualité de femme de chambre de la ci-devant comtesse d'*Artois*. Pressé de se faire connoître il déclara se nommer *François* (1) et donna tous les renseignemens que l'on pouvoit desirer à cet égard: interpellé de justifier de sa résidence sur le territoire de la république, il confessa ne pouvoir en administrer la preuve. Il ne pouvoit le faire disoit-il, qu'en nommant plusieurs honnêtes gens que sa déclaration pourroit compromettre : il avoua cependant que plusieurs *représentans du peuple* lui avoient donné asyle ; mais il ne nomma parmi eux que *Polissard* dont, ajouta-t-il, il auroit tu le nom comme celui *des autres*, s'il n'eût pas été déporté. Quand l'interrogatoire de *François* fut achevé, le citoyen *Hanoteau*, juge de paix, dont l'intégrité et les principes sont connus, s'empressa de déclarer au ministre, que *François* lui avoit dit: *Vous pouvez me sauver, j'ai à ma disposition deux cents louis, ils sont à vous si vous me promettez de le faire*. Le ministre engagea le citoyen

(1) Dans le courant de la procédure il a fait l'aveu que *François* étoit seul son nom véritable, quoiqu'il se fût donné, suivant les circonstances, ceux de *Dupuis*, *Cadet* et *Isabelle*. Pollet, son agent et son banquier, demeurant rue de Cléry, n°. 90, s'est servi tour-à-tour de ces quatre noms, pour masquer aux yeux du Gouvernement, les opérations contre-révolutionnaires qu'il faisoit avec l'Angleterre pour le compte de *François*. Des titres authentiques qui sont au ministère de la police, justifient ce fait.

Hanoteau d'entrer en composition avec *François*.

Le lendemain *François* fut interrogé de nouveau, d'après les ordres du ministre ; le bureau étoit composé sans affectation, mais tout étoit adroitement prévu, le sujet des conversations particulières préparé et convenu. *François* croyant y respirer un air familier, n'hésita pas à faire ou à continuer ses ouvertures. Il annonça au citoyen *Hanoteau*, que le lendemain à six heures du soir une femme se rendroit chez lui et lui remettroit les deux cents louis qu'il lui avoit promis ; *François* fut envoyé au Temple ; le ministre donna les ordres les plus précis, pour que *François* n'eût de communication qu'avec moi.

Le ministre me chargea de conduire cette opération ; je me hâtai de répondre à sa confiance ; le soir, à cinq heures, je fis entrer chez le citoyen *Hanoteau*, un agent intelligent et sûr ; j'en plaçai un autre dans la rue ; le rôle de celui-ci étoit de suivre la femme qui devoit se rendre chez le citoyen *Hanoteau* de la part de *François*, d'observer sa démarche et de découvrir sa demeure.

Cette femme ne manqua pas de se rendre chez le citoyen *Hanoteau* ; elle y arriva à six heures, suivie de deux hommes ; entrée chez son prétendu complice, elle annonça le sujet de sa mission ; le citoyen *Hanoteau* entama la négociation, reçut cinquante louis à compte, qu'il remit de suite au ministre, et renvoya cette femme au lendemain pour l'informer de l'état des choses et du succès de ses démarches: observée et entendue par l'agent qui étoit caché dans l'intérieur de la maison du citoyen *Hanoteau*, elle fut suivie par celui qui étoit placé à l'extérieur.

Pendant ce tems, et d'après les ordres du ministre, je m'étois introduit au Temple: le but étoit d'amener *François* à des ouvertures qui pussent répandre la lumière sur les fils de la trame que l'on ne pouvoit pas douter qu'il n'eût été chargé d'ourdir; pour y parvenir il falloit gagner sa confiance, et ce n'étoit pas une chose aisée; on revient difficilement sur le compte d'un homme à qui naguère on étoit décidé d'arracher la vie, pour se soustraire à ses poursuites: j'avois d'ailleurs affaire à un homme dont l'esprit et la sagacité pouvoient mettre en défaut et mes moyens et mes ressources. *François*, avocat célèbre, connu par la fécondité de son génie, par ses talens oratoires, et sur-tout par son fameux plaidoyer pour les *Douze*, *Bussy* et compagnie, affaire majeure, dont le succès lui a valu cinquante mille livres, offroit peu de côtés dont on pût remarquer et saisir la foiblesse: mon zèle et ma persévérance suppléérent à l'inégalité de mes armes; que dis-je? elles les rendirent supérieures, puisqu'elles furent triomphantes. Je lui tendis un piége où tous les gots se prennent, et dans lequel les gens d'esprit donnent eux-mêmes, quand les angoisses sans cesse renaissantes de l'incertitude et de la crainte les agitent et les poursuivent : j'avois ébauché mon ouvrage, un dîner au Temple que j'arrangeai avec *François* l'acheva ; l'intimité s'accrut à table : il n'eut plus rien de caché pour moi : son état, ses secrets, tout me fut dévoilé ; l'amour-propre y trouva son compte : fier de la confiance dont on l'honoroit, et de ses commencemens de succès, il m'avoua qu'il avoit tout sacrifié pour servir la bonne cause ; qu'il avoit eu le bonheur de sauver beaucoup d'honnêtes gens, tels que M. *Dauphin*, émigré, *le duc de la Trimouille* qu'il avoit conduit de *Paris à Londres* &c. &c. ; que si la journée du 18 fructidor ne fût pas arrivée, la *France* auroit maintenant un *roi ;* enfin qu'il étoit agent en chef de *Louis XVIII* et de *l'Angleterre.*

Il me confia les propositions qu'il avoit faites au citoyen *Hanoteau* ; il me dit que, depuis son arrestation, il avoit trouvé au Temple un nommé *Molien*, frère d'un détenu dans cette maison ; que cet individu s'étoit chargé, moyennant cent louis, d'une lettre pour ses premiers agents, par laquelle il leur ordonnoit de s'éloigner de leur domicile ; que si je voulois m'y prêter l'argent ne tiendroit à rien pour faciliter son évasion ; que *Pollet*, son banquier et son ami, demeurant rue de Cléry n°. 90, lui en fourniroit tant qu'il en auroit besoin ; que *Pollet* étoit celui qui avoit déployé le plus de zèle et de courage pour servir *Louis XVIII*; qu'il étoit plus inquiet sur le sort de cet ami, que sur le sien propre ; qu'il l'avoit fait avertir, et qu'après avoir enlevé de chez lui tous les papiers qui pouvoient les compromettre, il s'étoit retiré dans une maison rue *Helvétius*, où il se tenoit caché, enfin que *Marcus*, aussi un des principaux agents de *Louis XVIII*, avoit été pareillement averti, et s'étoit retiré dans une campagne à dix lieues de Paris.

Sûr d'avoir obtenu la confiance de *François*, je me hâtai d'en tirer tous les avantages propres à anéantir cet odieux complot : je l'engageai à me remettre pour *Pollet*, une lettre qui me fît connoître à lui, de manière à m'attirer sa confiance. *François* n'hésita pas à me faire cette lettre (cotée n° 1); nous nous quittâmes, lui se livrant à l'espoir d'une délivrance prochaine, moi presque sûr de la réussite de mon plan, tous deux satisfaits l'un de l'autre.

Je fis voir au ministre la lettre que *François* m'avoit remise pour *Pollet*; il en fit prendre copie, et je me rendis de suite avec l'original, au domicile de *Pollet*, quoiqu'il en fût absent : j'eus beaucoup de peine à m'y introduire : la défiance s'y étoit établie : chacun se tenoit sur ses gardes : j'eus le bonheur de dissiper ces nuages; je levai tous ces obstacles, et je parvins auprès de *Poussin*, associé de *Pollet*, à qui je remis la lettre de *François*. *Poussin* reconnoit l'écriture et ses craintes se dissipèrent; son attachement et son respect pour l'agent en chef de *Louis XVIII*, le souvenir d'une ancienne connoissance avec moi qu'il se rappela avec plaisir, tout le disposa à la confiance et prépara les épanchemens. La nuit se passa en conférences, en éclaircissemens, en allées et venues de la maison de *Pollet* à celle qui lui servoit de retraite : le calme et la tranquillité régnoient dans tous les esprits, la confiance s'établit, les opinions se fixèrent : enfin, à trois heures du matin la femme *Poussin* vint m'annoncer que *Pollet* alloit se rendre chez lui, pour conférer avec moi. *Pollet* arriva comme le jour commençoit à paroître, et déjà *Poussin* et sa femme, *Pollet*, *Filiol* son parent et moi ne semblèrent plus être qu'une réunion de conspirateurs que l'intrigue et l'intérêt rapprochent, que nulle réserve ne comprime, qui gémissent en commun sur les malheurs d'un *chef auguste*, et délibèrent en sûreté sur les moyens de le sauver. Nous convînmes de dîner ensemble; je décidai *Pollet* à écrire à *François* : il y consentit (voyez la lettre cotée 2) : on me promit des sommes considérables, tout ce qu'on peut attendre d'une protection suprême, si je servois *Fran-*

çois avec fruit : nous nous séparâmes, après être convenus de l'heure à laquelle nous nous retrouverions.

Je rendis compte au ministre de ce nouveau succès : je lui fis voir la lettre que *Pollet* m'avoit donnée pour *François* : il en fit prendre copie, et je fus au Temple remettre l'original à celui à qui elle étoit adressée. Conformément aux instructions que j'avois reçues du ministre, je fis sentir à *François* la nécessité de verser l'or dans les mains des employés : il me remit à cet effet une lettre pour *Pollet* (cotée 3), que je m'empressai de lui remettre, après l'avoir communiquée au ministre, et je me rendis au Temple. Il étoit important de s'assurer des personnes de *Pollet* et de *Marcus* que *François* avoit désignés comme ses *complices* de première ligne ; mais il falloit y parvenir sans altérer la confiance que *François* avoit en moi, sans éveiller ses soupçons sur la sincérité de mon dévouement à sa cause : voici les moyens que j'employai ; je fis sentir à *François* l'impossibilité dans laquelle je serois de le servir, si *Pollet* et *Marcus* ne consentoient pas à se rendre au bureau des interrogatoires du ministre ; je lui persuadai que la procédure commencée contre lui, étoit commune à *Pollet* et *Marcus*, et qu'il seroit en vain acquitté par le juge de paix, si la signature de ses deux complices ne donnoit pas à cette procédure le caractère de légalité et d'authenticité qui seul pouvoit la rendre valable. Ces motifs le déterminèrent, et il n'hésita pas à me remettre pour *Pollet* une lettre (cotée 4) contenant des ordres et des instructions pour *Marcus* et *Privé*.

Cependant *Marcus* ne paroissoit point : je pressai *François* de nouveau : une lettre (cotée 5) qu'il me remit sur le champ pour *Pollet*, dans laquelle il lui enjoignoit expressément de faire chercher *Marcus*, et de se rendre avec lui par-tout où je pourrois l'exiger, et de me remettre tous les fonds dont j'aurois besoin, porta le coup décisif. *Marcus* étoit encore, à cette époque, éloigné de Paris. Le 11, au matin, je remis à *Pollet* cette lettre; il expédia sur-le-champ un courrier à *Marcus* et me remit deux cents louis : le lendemain, la femme *Poussin* m'en apporta chez moi cent autres. Ma demande s'étoit bornée là : je déposai de suite ces trois cents louis entre les mains du ministre. Je pénétrai *François* de la nécessité de faire remettre, sans délai, au citoyen *Hanoteau*, les cent cinquante louis restant à payer sur la somme convenue; il écrivit en conséquence la lettre (cotée 6), les cent cinquante louis furent remis au citoyen *Hanoteau*, qui les transmit de suite au ministre. Le retour de *Marcus* fut de nouveau pressé et sollicité, ce qui donna lieu aux lettres écrites par *François* et *Pollet* (sous les cotes 7,

8, 9 et 10). Je m'étois arrangé de manière à pouvoir intercepter leurs lettres, sans donner interruption à leur correspondance, qui est demeurée en original en la possession du ministre et qui fait pièce à la procédure.

Le 11, *Pollet* m'annonça l'arrivée de *Marcus*, et me promit de me faire déjeûner avec lui le lendemain dans sa maison : cette journée devoit être décisive : nous savions, et par mes entretiens avec *François*, et par ses lettres, qu'il avoit à *Paris*, sous ses ordres, plusieurs autres agents de l'*Angleterre* et du prétendu *Louis XVIII*; mais il falloit les connoître et les faire arrêter tous au même instant : c'est ce qui donna lieu à une conférence que j'eus le 12, à trois heures du matin, avec le ministre, sur la direction de cette journée importante : il m'invita à en tracer le plan, l'approuva, malgré les difficultés sans nombre qu'il falloit vaincre pour le mener à bien, et me chargea de l'exécution : j'osai lui en garantir le succès.

A huit heures je me rendis chez *Pollet*, à neuf heures, *Marcus* y arriva, nous déjeûnâmes ensemble : l'inquiétude tourmentoit ces conspirateurs, vingt fois pendant le déjeûner ils se levèrent de table, sortirent de l'appartement, y rentrèrent en multipliant entr'eux et avec moi leurs questions et leurs inquiétudes ; je répondis à tout avec calme et assurance, et je leur persuadai que le juge de paix, que les deux cents louis donnés avoient mis dans nos intérêts, dresseroit l'acte de mise en liberté de *François*, et le leur, immédiatement après notre arrivée à la police, et je parvins enfin, à l'aide de ces argumens et de beaucoup d'autres, à les décider à se rendre avec moi, au ministère de la police.

Je l'ai dit et je le répète ; il étoit urgent de s'assurer de ces deux chefs, mais il falloit le faire avec les plus grandes précautions ; il falloit, non-seulement ne pas faire naître, mais plutôt écarter toute idée de soupçon, tant de leur part que des gens de leur maison, pour ne pas donner l'éveil à leurs complices. Aussi je cumulai les vraisemblances, et je les engageois à faire tenir le dîner prêt pour l'heure où nous reviendrions de la police, avec la mise en liberté de *François*, et la leur. Nous partîmes pour nous rendre au ministère de la police ; nous entrâmes dans le bureau du juge de paix, mais à peine y étions-nous, que le ministre parut : il me demanda qui étoient ces citoyens, en montrant *Pollet* et *Marcus*, et ce qu'ils faisoient-là ? Je lui répondis qu'ils venoient témoigner dans une affaire d'émigration. Le ministre paroissant peu satisfait des explications qu'ils donnèrent, défendit au juge de paix de prononcer sans un rapport préalable, et lui enjoignit de faire arrêter ces deux témoins.

Il ne restoit plus qu'à connoître les agents subalternes : y parvenir et les faire arrêter, étoit le but de nos espérances et le terme de mes travaux. Les lettres de *François* nous en indiquoient plusieurs ; mais ces indices étoient insuffisans, il en falloit de plus précis ; pour pouvoir les atteindre, je ne perdis pas un instant. Je me rendis au Temple, muni de quatre passe-ports en blancs, revêtus de la signature du ministre et de son cachet : je racontai à *François* qu'à l'instant où *Pollet* et *Marcus* rendus avec moi au bureau des interrogatoires du ministre de la police, alloient signer sur l'acte de leur mise en liberté ordonnée par le juge de paix, le ministre y étoit entré, et qu'ayant cru démêler dans notre conduite un air de complaisance qui lui avoit paru suspect, il avoit ordonné que *François* seroit interrogé de nouveau, et que *Pollet* et *Marcus* seroient conduits au Temple : j'ajoutai que, voyant notre coup manqué, j'avois communiqué au citoyen *Hanoteau*, un autre moyen de réussite, qu'il l'avoit approuvé, et à l'exécution duquel il étoit disposé à se prêter, qu'en conséquence le citoyen *Hanoteau* étoit convenu de me remettre, une heure avant la nuit, l'ordre d'extraire du Temple, le nommé *Fran-*

çois, et de l'amener à l'interrogatoire, que pendant la veillée, je serois chargé de reconduire au Temple, avec deux agents sous mes ordres, *François*, *Pollet* et *Marcus*, et que ses amis appostés sur la route, au lieu dont nous conviendrions, opéreroient leur délivrance : je l'assurai que rien n'étoit désespéré, mais qu'il n'y avoit pas un instant à perdre. Indiquez-moi vos agents, lui dis-je, donnez-moi des lettres pour eux, je leur tracerai la marche qu'ils auront à suivre, on nous enlèvera tous les quatre et nous partirons.

Ce discours avoit calmé *François* ; l'espoir renaissoit dans son ame, je m'en étois aperçu ; alors je frappai le grand coup ; je sortis les quatre passe-ports de ma poche, et je les lui fis voir ; il se crut libre, l'aspect des rives de *Constance* ou de la *Tamise* ne lui auroit pas causé une sensation plus délicieuse ; il me sauta au col, m'appela son libérateur, m'étreignit dans ses bras, m'embrassa au nom de *Louis XVIII*, et me jura, au nom de ce prétendu roi, honneur, fortune, et éternelle reconnoissance. Il ne me quitta que pour prendre la plume, et écrivit les lettres (cotées 11 et 12).

Je me rendis de suite auprès du ministre ; il étoit trois heures après midi ; je lui remis les lettres et les notes de *François* ; il les lut avec attention,

tion, et fit dresser sur-le-champ des mandats d'amener dont il me confia l'exécution; avant la fin de la journée tous les autres agents désignés par *François* furent mis en arrestation.

François, ne recevant plus de mes nouvelles, s'aperçut qu'il étoit tombé dans le piége que je lui avois tendu; le désespoir s'empara de son ame; le lendemain il fut mené à l'interrogatoire; le ministre lui présenta les pièces de conviction que je m'étois procurées; il avoua tout : il fit plus, il développa les moyens qu'il pouvoit employer pour réparer ses torts envers la république, et il offrit de la servir, s'en rapportant à la générosité et à l'humanité du Gouvernement. Le ministre accepta ses offres, et l'assura que les services qu'il rendroit à la république, lui mériteroient un adoucissement aux peines qu'il avoit encourues, en travaillant contre elle.

François, encouragé par ce discours, convint qu'il étoit à *Paris* le premier agent en chef du prétendu *Louis XVIII* et de l'Angleterre; qu'il en recevoit des sommes considérables pour des dépenses secrètes; il ajouta que *Pollet*, son banquier de confiance, négocioit sous des noms empruntés, les effets que lui *François*, tiroit sur *Londres*, et lui procuroit depuis long-tems les fonds qu'il employoit pour opérer la ruine du Gouvernement.

Il fit part au ministre des moyens qu'il avoit d'anéantir la correspondance des puissances étrangères, de rompre leurs intelligences en les divisant entre elles, et il en administra la preuve. Sa franchise engagea le ministre à mettre sous ses yeux ses correspondances volumineuses d'émigrés, *saisies à Calais* et ailleurs, toutes énigmatiques, composées de mots imaginaires, pour indiquer d'une manière inintelligible les noms et les choses. Nul autre que *François*, si ce n'est ceux qui avoient écrit ces lettres ou à qui elles étoient adressées, ne pouvoit en trouver la clef; il se livra à ce travail pendant environ un mois; à cet effet, on le faisoit sortir du Temple tous les matins, et on l'y réintégroit le soir.

Son travail ne fut pas infructueux; c'est par ses résultats que le Gouvernement a eu connoissance de cette masse de conspirateurs inconnus jusqu'alors; c'est par ses résultats que des complots et des machinations sans nombre contre le salut de la république, ont été déjoués; ce fut par le canal de *François*, que je parvins à arrêter le ci-devant comte de *Trion*, dit *Cassino*, fameux contre-révolutionnaire, dont les facultés morales et physiques étoient également redoutables, et qui, depuis le commencement de la révolution, jouoit impunément à *Paris*, le rôle de commissionnaire de *Pitt*, et de plusieurs émigrés de première ligne. Il faisoit tous les mois un voyage de *Paris* à *Londres* et de *Londres* à *Paris*, il en rapportoit une correspondance nombreuse, qu'il avoit l'art de dérober aux recherches les plus rigoureuses, en l'enfermant dans une cassette faite à *Londres*, très-ingénieusement établie, et qui est encore en ce moment au ministère de la police; *François* annonça au ministre l'arrivée prochaine de ce dangereux agent; je fus chargé de le faire surveiller; il n'arriva qu'au bout de quinze jours; le lendemain de son arrivée, sitôt qu'il fut jour, je m'introduisis chez lui, je sus vaincre sa résistance, et mettre en défaut son astuce et sa vigilance. Je le mis en arrestation, et je saisis la cassette qui se trouva renfermer la correspondance la plus intéressante des émigrés *français* à Londres, et deux lettres de change de vingt-quatre mille livres, tirées par eux sur *Vilain XIV*, banquier à *Paris*, qui les a payées, et dont le montant a été versé dans la caisse du Gouvernement; quant au ci-devant *comte de Trion*, convaincu par ces preuves matérielles, il fut livré à la commission militaire, et condamné à la peine de mort.

François pria alors le ministre de considérer que sa conduite actuelle envers la république exposeroit sa femme, attachée à la maison d'*Artois* à *Turin*, à la vengeance des royalistes. Cette vérité fut sentie, et il lui fit délivrer un passe-port pour la faire revenir à Paris, où elle est encore.

Le ministre satisfait des services que *François* venoit de rendre à la république, ranima dans son ame l'espoir de voir adoucir sa peine. Cette flatteuse espérance fit naître à *François* le desir de faire payer à *Pitt* la conservation de ses jours, il communiqua cette idée au ministre, qui, après y avoir souscrit, traça lui-même le plan ingénieux qui devoit en assurer le résultat, et pour l'exécuter, il demanda à *François* une lettre pour *Pitt*, par laquelle il devroit l'assurer qu'au moyen d'une somme de 6600 livres sterling (destinée pour le ministre), il obtiendroit sa liberté; cette lettre fut écrite et approuvée par le ministre; ainsi le citoyen Sotin sacrifioit jusqu'à sa réputation pour servir son pays; son projet ultérieur qu'il nous avoit communiqué, étoit, qu'après avoir donné de lui cette opinion au ministre anglais, il mettroit *François* en liberté absolue, et l'enverroit même en Angleterre pour continuer à découvrir les agents dont ces ennemis de la liberté se servoient contre la république, et la route et disposition de l'argent que *Pitt* faisoit passer à Paris; le ministre avoit pour garantie contre *François*, une partie de sa fortune qui étoit entre les mains de

Pollet, et sa femme qu'il venoit de faire venir à Paris; mais la dernière partie de ce plan, qui vraisemblablement auroit produit à la république les plus grands avantages, éprouva des obstacles qui empêchèrent son exécution.

Enfin, il fut arrêté que je ferois choix d'un agent sûr et intelligent, qui seroit chargé de porter la lettre de *François* à Londres, d'y jouer le rôle qui lui seroit indiqué, et de mettre à exécution les ordres dont il seroit porteur; cet agent partit, remplit sa mission, et revint au bout de vingt jours, muni de lettres-de-change, qui furent payées à son arrivée par *Vaucher* et *Dupasquier*, banquiers à Paris; ces lettres-de-change produisirent une somme de plus de sept mille louis, qui fut encore versée dans la caisse du Gouvernement.

Le succès de l'expédition de Londres, dont le projet formé par le ministre, étoit aussi hardi qu'ingénieux, fit naître à *François* le desir d'en hasarder une nouvelle; il proposa d'envoyer à *Pitt* un autre agent, porteur d'une lettre par laquelle il lui exposeroit que, moyennant les sommes qu'il lui avoit fait parvenir, il avoit bien effectivement recouvré sa liberté, mais qu'il importoit au bien de sa cause, de la procurer à un autre individu (qu'il lui indiqua) qui étoit encore détenu au Temple, et qu'une somme égale à celle que lui *Pitt* avoit déjà envoyée, en seroit le prix. Le ministre ni moi n'espérions aucun succès de cette nouvelle tentative ; néanmoins elle fut essayée, en prenant la précaution de ne pas en faire courir la chance à un républicain, et on choisit pour agent de cette entreprise le jeune *Roussy*, connu à *Londres* pour royaliste. Ce jeune homme, sans avoir aucune connoissance du motif de son voyage, devoit être porteur d'une lettre pour être remise à son adresse, et en rapporter la réponse ; et pour prix de son exactitude et de sa fidélité, le ministre lui promit qu'à son retour il feroit mettre en liberté, sa mère qui étoit détenue au Temple. Il étoit essentiel que *Roussy* partît avec la persuasion intime que *François* avoit recouvré sa liberté, pour pouvoir insinuer l'agréable nouvelle de cet événement dans l'esprit de ses agents et de ses connoissances, et sur-tout en pénétrer *Pitt*. Pour cet effet il falloit, non-seulement faire sortir *François* du Temple, mais constater cette sortie, et cependant s'assurer de sa personne sous les dehors apparens d'une liberté réelle. Le ministre crut que le moyen le plus expédient étoit de le confier à ma garde ; il m'engagea, en conséquence à le recevoir chez moi, en me fournissant les moyens propres à mettre à-la-fois ma responsabilité à couvert, et la personne de *François* en sûreté. Malgré les dangers et les désagrémens que présentoit cette mesure, je l'adoptai sans hésiter, pour répondre à la confiance du ministre ; d'après ces ordres (Voyez la pièce cotée *a.*) *François* fut conduit chez moi ; il y resta quarante-trois jours, sous la garde de trois agents, en qui j'avois toute confiance ; il est prouvé d'une manière incontestable (Voyez la pièce cotée *b.*), que pendant ce tems *François* n'est sorti de chez moi que deux fois, accompagné par moi et les trois agents commis à sa garde, et par ordre du ministre, pour se rendre auprès de lui, et conférer ensemble sur l'objet dont il a été question.

Enfin, *Roussy* revint de *Londres*, mais comme on l'avoit prévu, sans succès ; *Pitt* avoit reconnu le piége, et se garda bien d'y tomber une seconde fois.

Le 25 pluviôse, le ministre *Sotin* fut destitué ; il m'envoya aussitôt la lettre ci-jointe (Cotée *c.*) ; elle justifie, et les précautions du ministre et les miennes, pour que *François*, qui étoit encore sous ma responsabilité personnelle, fût remis à la disposition du Gouvernement. Le ministre *Sotin* en fit sa déclaration au citoyen *Dondeau* qui le remplaçoit, en présence de ses chefs de bureau ; le ministre *Dondeau* desira que je gardasse *François* chez moi, jusqu'au moment qu'il annonça comme devant être très-prochain, où le directoire prononceroit sur le sort de cet individu.

ce qui ayant été différé, *François* fut réintégré au Temple le 9 ventôse, et il y est encore actuellement.

RESUMÉ.

C'est en affrontant tous les dangers, en exposant nombre de fois ma vie, en me vouant à la haine et à l'exécration de tous les suppôts du parti royaliste, en bravant constamment leurs menaces, que je suis parvenu à découvrir, à arrêter et livrer entre les mains du Gouvernement le nommé *François*, agent en chef et avoué du prétendu *Louis XVIII* et de l'Angleterre, ainsi que ses complices les plus redoutables. Mon brûlant amour pour la république a soutenu constamment mon courage, et alimenté mon industrie ; les obstacles et les difficultés se sont évanouis devant lui ; il n'en est pas que cette noble passion ne sache applanir ; je me félicite sans m'énorgueillir du succès de cette expédition, parce que j'en connois l'importance, parce que ses résultats, que je vais faire connoître, consolident les bases du Gouvernement et assurent son triomphe.

1°. C'est par les aveux que *François* a faits, que l'on a acquis une parfaite connoissance des individus dont se servoient les puissances étrangères pour travailler à anéantir la république, et des moyens que l'on employoit pour y parvenir.

2°. Il s'est prêté à l'exécution des moyens que le ministre lui a indiqués, pour rompre le fil de leurs machinations, et les désorganiser eux-mêmes, moyens qui ont été victorieusement employés, puisque le prétendu *Louis XVIII* et *Dutheil*, l'un de ses premiers agents, (ce dernier, à cette époque, étoit à *Londres*) ont été, l'un et l'autre, obligés de se retirer en Russie.

3°. C'est par lui que l'on a acquis des éclaircissemens précieux, que l'on n'auroit pu se procurer, s'il n'eût pas déchiffré les immenses correspondances d'émigrés, saisies à *Calais* et ailleurs, correspondances énigmatiques et inintelligibles, dont lui seul pouvoit donner la clef.

4°. C'est au moyen des renseignemens qu'il m'a donnés, que je suis parvenu à arrêter le ci-devant *comte* de *Trion*, dit *Cassino*, fidèle et adroit agent du prétendu *Louis XVIII* et de *Pitt*, qu'il servoit constamment depuis le commencement de la révolution; homme d'autant plus dangereux, qu'il avoit apporté, sans interruption, jusqu'alors, la correspondance et les dépêches des agents que les ennemis de la république entretenoient à *Paris*, correspondance que j'ai saisie toute entière, et dont la connoissance a rompu les fils de la trame contre-révolutionnaire.

5°. C'est par suite de l'arrestation de *François* qu'il est entré dans la caisse du Gouvernement, 1°. environ deux mille louis que *François* avoit en dépôt (sous le nom emprunté d'Isabelle) (*a*) chez *Pollet*, son banquier et son agent.

2°. Deux lettres-de-change de 24,000 livres, que j'ai saisies chez le ci-devant *comte* de *Trion*, tirées par des émigrés sur *Vilain XIV*, banquier à Paris, et payées par lui.

3°. Plus de sept mille louis payés par *Pitt*, pour le prétendu rachat de la liberté de *François*; enfin diverses autres sommes provenant de *l'Angleterre*, saisies avec les conspirateurs, d'où il résulte que l'arrestation de *François* a fait entrer plus de *onze mille louis* dans les caisses du Gouvernement.

VEYRAT, *quai de la Monnoie*, n°. 4.

(*a*) C'est (comme nous l'avons dit), un des quatre noms que *François* s'étoit donnés, et dont *Pollet* se servoit tour-à-tour, pour masquer aux yeux du Gouvernement les opérations qu'il faisoit avec l'Angleterre.

COPIE DES LETTRES.

(N°. 1.)

9 frimaire, an 6.

François à Pollet.

JE jouis de la plus douce satisfaction, mes bons et excellens amis, en vous donnant de mes nouvelles par la personne honnête qui vous remettra mon billet. Concertez-vous avec toute confiance.... Que je suis heureux si votre peine peut être adoucie ! Je vous embrasse tous.

Rue de *Clery*, n°. 90, près le Gros-Chenet.

M. Pollet ou madame Poussin.

(N°. 2.)

10 frimaire, an 6.

François à Pollet.

J'apprends, mes tendres amis, que la personne en qui j'ai su déposer toute ma confiance, vous a rendu votre tranquillité ; croyez qu'elle m'est mille fois plus chère que mon existence.

Ce bon ami dînera chez vous aujourd'hui ; faites les honneurs de ce dîner, mon cher *Pollet*, conciliez - vous avec lui sur tout ce qui peut être convenable ; mettez en ses mains tous les moyens qui seront nécessaires ; j'approuve tout, et le reste de ma vie sera employé à vous prouver combien je sens le prix de vos bienfaits et de votre amitié.

Vous deviez aller, ce soir, avec *Gruber* ou l'y envoyer, pour retirer en votre pouvoir tout ce qui est en mon tiroir.

Recevez et partagez entre vous un million de baisers, et consolez tous mes amis. Hélas ! je n'acquitterai jamais tous les engagemens que je contracte.

Confiance entière, *sur - tout sur les moyens d'argent*, que rien ne soit refusé. La vie me restera, ce sera assez pour ma famille, j'aime à croire qu'elle suffira aussi à mes amis.

Un mot de votre main, mon cher *Pollet*, il n'y a point de danger, je le brûlerai et ne conserverai que le souvenir de cette nouvelle marque de votre précieux intérêt.

(N°. 3.)

10 frimaire, an 6.

Pollet à François.

Rien, mon bon ami, de tout ce qui est en mon pouvoir, ne sera négligé ni épargné ; pour vous, vous avez bien fait de mettre votre confiance toute entière en cet honnête et ancien ami que j'avois perdu de vue depuis long-tems ; de votre malheur, il résulte que j'ai eu l'avantage de le retrouver, et que je pourrai cultiver son intéressante connoissance ; il nous a rendu la vie à tous. Aucun de nos amis ne m'a refusé à faire des démarches, et tous ont partagé vivement vos disgraces, même des personnes qui ne vous ont jamais vu. Ce précieux ami a bien séché des larmes ce matin, et il mérite une reconnoissance éternelle qui est bien gravée dans tous les cœurs. Il nous fait l'inexprimable plaisir de manger notre soupe, son nom ni le vôtre ne seront point proférés ; nous boirons à votre santé, seulement de cœur ; je ne pourrai peut-être pas bien faire chorus, car ma santé est dans un mauvais état, cette indisposition n'aura pas, j'espère, de longues suites.

Recevez des milliers et encore des milliers d'ambrassades, ménagez votre santé, sur-tout calmez votre tête ; après l'orage vient le beau tems, et il n'y a qu'un pas du mal au bien.

L'ami vous dira ce dont je l'ai chargé, et ce que je dois encore faire demain ; il y a quarante-huit heures que l'on est allé chez vous, rien n'est encore arrivé jusqu'à moi. Je vous embrasse comme je vous aime ; c'est-à-dire de tout mon cœur.

(N°. 4.)

10 frimaire, an 6.

François à Pollet.

Au moment où je trace ces lignes, mon très-cher ami, vous êtes sans doute avec notre médiateur; je l'attends avec impatience, espérant qu'il m'apportera de vos nouvelles, et que je saurai par lui que l'inquiétude que j'ai eu le malheur de vous causer, est calmée.

Veuillez vous informer dans la rue Chabannois, n°. 44, chez l'épicier, de lui-même ou de sa femme, si *Marcus* est ici; s'il y est, faites-le venir, remettez-lui la note ci-jointe, et dites-lui que je le prie de la faire exécuter ponctuellement. S'il n'y est pas, qu'on le fasse venir le plus promptement possible, et qu'il se rende auprès de vous à son arrivée, vous garderez les lettres qu'il vous remettra.

Il n'y a rien à craindre, il a sa carte, il est en règle, et notre médiateur commun vous le confirmera. Si par hasard, il se trouvoit obligé d'aller à la police, interrogé sur moi, il diroit, *comme je l'ai dit moi-même*, qu'il est étroitement lié avec *Privé*, et depuis très-long-tems; que le trouvant à déjeûner, il y a environ un mois, au café qui fait le coin de la rue du Mail, et assis à côté de moi, nous causâmes sur un journal commun, et de choses fort indifférentes; que dans cette conversation, en tenant les petites affiches, je lui dis que je cherchois un logement, que l'honnêteté, l'aménité qu'il remarqua en moi, l'engagèrent à m'indiquer celui de *Privé*, son ami, pour l'avantage de celui-ci, parce que je lui parus de bonne société pour cet ami, *sans que toutefois nous ne nous fussions jamais rencontrés auparavant*, et sans que, par conséquent, nous sachions respectivement notre nom; que j'acceptai et qu'il m'y conduisit. — Si par suite on lui demandoit s'il a continué de me voir, il diroit qu'il a continué de rendre de fréquentes visites à *Privé*, son intime ami, comme il en avoit l'usage, avant que j'occupasse son appartement, et que nous nous étions parlé tous les trois de choses indifférentes. Mais, je le répète, il ne sera aucunement recherché, et certain de sa tranquillité, je desire qu'il reparoisse sans délai, qu'il porte ma note, et veille à son exécution. J'attends votre convive pour clore ma lettre, et comme j'espère que ses nouvelles seront bonnes, je vous prie, ou madame *Poussin*, de venir demain, de m'apporter une dixaine de louis, dont j'ai besoin pour ma dépense journalière, et en aider un ami. On demandera le concierge *Boniface* ou sa femme, et là, on me fera appeler.

NOTE.

J'espère que pendant mon absence, *le cours de mes affaires n'aura pas été interrompu*, *qu'on les aura suivies pendant cette décade*, *comme si j'eusse été présent*; je les reprendrai et les conduirai comme ci-devant, la décade prochaine, attendu que je serai libre. — Les lettres qui me seront arrivées et m'arriveront jusqu'à ma liberté effective, seront remises à mon banquier, *intactes*. Si elles ont été ouvertes avant la réception de ce billet, elles lui seront également remises, il connoît la manière de me les faire parvenir.

Je desire qu'on ne fasse pour moi aucune démarche quelconque; *mon innocence est reconnue*, et ma liberté prochaine assurée.

Si on a une occasion pour transmettre de mes nouvelles à mon ami, il sera bon de le faire promptement, afin qu'il puisse tranquilliser ma femme et mon fils.

Je ne suis pas moins extraordinairement sensible à l'intérêt que vous m'avez marqué, et vous embrasse cordialement.

Marcus et compagnie,
jeudi soir, 10 frimaire.

(N°. 5.)

(N°. 5.)

Du 11 frimaire.

François à Pollet.

Vendredi matin.

Par nouvelle raison, il faut pour ma prompte libération, que *Marcus* revienne sur-le-champ; qu'on aille le chercher en poste s'il est absent; qu'en arrivant, il aille chez mon banquier. Là on lui dira ce que nous aurons à faire *pour notre tranquillité commune*, et je sais avec quel zèle et quelle satisfaction il s'empressera de l'exécuter.

(N°. 6.)

Du 11 frimaire.

Seconde lettre de François à Pollet.

Vendredi matin.

Dix millions de remercîmens, mon tendre ami, je vois votre tranquillité rétablie, et la mienne en dépend.

Parlons d'affaires.

1°. Dès que *Marcus* viendra chez vous, vous vous entendrez avec notre ami, pour qu'il le voye sur-le-champ, et qu'on le mène comme par la main.

2°. Dites au grand homme, qu'il vous est impossible de donner les cent louis en ce moment, parce que vous ne me connoissez pas assez et que vous ne savez pas s'ils vous seront rendus par mon beau-père à qui vous allez en écrire, et comme j'en destinois la moitié à son frère qui est ici, envoyez-moi, par votre ami, un rouleau seulement, que je lui remettrai ici.

3°. Madame *Sausset* vous a-t-elle dit ce qui s'est passé entre son ami et *Hanoteau*? vous ne le marquez pas; il falloit que l'on lui remît les deux notes que j'ai données à madame *Sausset* et qu'on lui demandât sa réponse; au reste il a déjà reçu cinquante louis, il faut faire ce qu'il desirera pour les cent cinquante louis restant.

4°. J'approuve les trois cents louis que notre ami doit distribuer, il n'en a encore que deux cents; donnez-lui les cent restant.

Quant à lui, je ne l'oublierai pas à ma sortie; n'oubliez pas ce qu'il y a à faire chez *Privé.*

5°. Quelle est la personne que vous avez envoyée chez moi? n'est-ce pas *Gruber*? marquez-le-moi aujourd'hui. — Outre le rouleau, vous voudrez bien m'envoyer les dix ou douze louis séparément et le plus tôt possible.

(N°. 7.)

11 frimaire.

Pollet à François.

Je ne vais pas perdre un instant, cher ami, pour avoir M... *mort ou vif.*

Ce n'est point de notre part que l'on est allé chez vous ce matin; madame *Poussin* a fait une tentative infructueuse pour les cent louis.

Les momens pressent pour remplir toutes vos commissions, je ne fais que vous embrasser de tout mon cœur.

(N°. 8.)

11 frimaire.

François à Pollet.

Papier timbré n'importe (1).

Ma délivrance, mon bon ami, me paroît assurée, mais je n'y mets aucun prix, si je ne vous

(1) Nayant point de papier blanc, et se voyant obligé d'écrire sur une feuille qui lui fut fournie par le concierge du Temple, au haut de laquelle étoit empreinte la déesse de la liberté, *François* témoigna de la répugnance de s'en servir; mais enfin le besoin le décida : c'est ce qui l'engagea d'écrire au haut de la feuille : *papier timbré n'importe.*

sais pas tranquille, en bonne santé, et sur-tout exempt de l'incommodité habituelle que vous cause la suite de votre blessure. — Mon tendre ami, c'est moi qui rouvre cette cicatrice, croyez-vous que je puisse dormir avec cette idée? *cent personnes peuvent être compromises par mon arrestation:* que m'importe ces êtres, si vous, si ce qui vous entoure n'est pas sans crainte?

Que je suis content de votre ami! avec quel zèle je le soignerai et lui prouverai ma reconnoissance! il vous aura calmé; il vous aura rendu votre tranquillité! je ne peux pas, sur cette idée, exprimer tout ce que je sens; mais, ce bienfait l'emporte de beaucoup sur celui de ma vie, non, jamais je ne le compromettrai; mais il sera mon héros, si je vis; vous me comprenez, mon bon ami.

Affaire.

Fontaine, l'épicier de la rue Chabanois doit, avant vingt-quatre heures, vous livrer *Marcus*, mort ou vif.

Marcus m'est garant de *Privé*; sur ce pleine tranquillité.

Marcus présent fera tout ce qui lui sera prescrit en mon nom.

Si *Marcus* n'est pas arrivé demain avant neuf heures chez *Fontaine*, si *Fontaine* prouve clairement et avec une bonne foi évidente, l'impossibilité physique de son apparition, il faut alors faire paroître un homme qui se dira *Marcus* et signe pour lui, ou convenir avec nos amis, en cas que la peur ait transplanté *Marcus* aussi loin que l'aréostat Gren... de quelqu'autre représentation équipolente:

Convenir de tout avec notre bon médiateur; soyez toujours sûr de mon approbation, je réponds de tout, et je serai toujours *moi*.

Je vous embrasse du fond de mon cœur, pardonnez la mauvaise plume.

(N°. 9.)

François à Pollet.

Si M. *Fontaine* ne peut pas nous procurer *Marcus*, il faut prier M. *Poisson*, rue Mirabeau, ci-devant Chaussée d'Antin, n°. 31, ou M. *Dupont*, demeurant ensemble, ou le neveu de *Marcus*, chez *Fontaine*, en les embrassant tendrement de ma *part*, de nous le livrer; car ce n'est que par lui que moi-même et *toute la société* pouvons être tranquilles.

(N°. 10.)

Vendredi soir.

François à Pollet.

Je répète que s'il n'est pas possible par la voie que j'ai indiquée, on ira rue Chaussée d'Antin, n°. 31, au 1er., et j'approuve tout ce qui sera convenu et arrêté.

FRANÇOIS.

(N°. 11.)

Du 11 frimaire.

François à Poisson.

1°. Chez M. *Poisson*, rue de la Chaussée d'Antin n°. 31, au 1er., lui dire tout ce qui se passe et l'engager en mon nom, *et pour notre intérêt commun*, à fournir pour l'exécution, tout ce que le porteur lui demandera, avec une confiance illimitée.

Si *Rochecot* est là, il fera tout.

Enfin il n'est pas possible *que parmi tant de gens à nous*, il n'y en ait pas un nombre suffisant pour nous seconder.

Mais mon cher *Poisson*, le moment est urgent, s'il manque c'est fait de moi et des deux infortunés arrêtés aujourd'hui.

2°. Envoyer indirectement ou aller, s'il est possible, auprès de madame *Poussin*, lui faire également part du plan et qu'elle engage soit *Filliot*, soit son propre frère à seconder de tous leurs efforts. Ils pourroient indiquer où demeurent madame *Desson* et *Rosette* (1). *François* lès prie instamment de donner sur-le-champ les renseignemens, et d'avoir toute confiance au porteur.

3°. Madame *Rivière*, rue d'Enfer, deuxième porte cochère après le Luxembourg, pourra aussi donner quelques renseignemens, soit sur *Rosette*, *soit sur quelques autres des nôtres.*

François reclame ses bontés avec confiance.

(N°. 12.)

Note de François *pour* Veyrat.

Si M. *Poisson* n'y est pas, s'adresser à son frère, que M. *Dupont* ou madame pourront procurer sur-le-champ; M. *Poisson* et madame *Dupont* demeurent ensemble. A leur défaut, s'adresser à M. *Noel*, soit en leur nom, soit au mien; j'ai dû tout faire connoître à M. *Veyrat*, dont le dévouement est extrême. M. *Noel* ne doit point user de réserve envers lui. Le moment est unique, de

(1) Rosette étoit un des noms que s'étoit donné Rochecot.

ce jour seulement; il ne se représentera jamais.

M. *Noel étoit ci-devant inspecteur général de la police et recevoit mes fonds*; il n'est pas possible qu'il me refuse aujourd'hui le secours qui lui est demandé et qui est à sa libre disposition.

PIECES JUSTIFICATIVES

CITÉES AU PRÉSENT MÉMOIRE.

(*a*)

Nous soussigné Pierre-Benoist *Hanoteau*, juge de paix de la division du mail, et officier de police judiciaire de la commune de Paris, chargé près le ministre de la police générale d'informer contre les prévenus de délits contre la sûreté intérieure et extérieure de la république, certifions que *François*, émigré et conspirateur, a été arrêté par le citoyen *Veyrat*, inspecteur général de police, en vertu d'un mandat d'amener émané de nous le six brumaire dernier, qu'il a été interrogé sur-le-champ, et de suite déposé au Temple et au secret, jusqu'à plus ample interrogatoire qui a duré plus de six semaines consécutives; qu'environ deux mois après son arrestation, il a été extrait du Temple, par ordre du ministre de la police générale, et déposé, par ordre du même ministre, en la demeure dudit citoyen *Veyrat*, et sous sa responsabilité; qu'il y est resté constamment en état d'arrestation et gardé par trois agents de police, qui le surveilloient jour et nuit.

Délivré au bureau des interrogatoires de la police générale, le neuf ventôse, an six de la république française.

Signé, HANOTEAU, *juge de paix.*

(*b*)

L'an six de la république française, le neuf ventôse, par devant nous, Pierre-Benoist *Hanoteau*, juge de paix de la division du Mail, et officier de police judiciaire de la commune de Paris, de service auprès du ministre de la police générale;

Est comparu le citoyen Pierre-Hugues *Veyrat*, inspecteur général de police, lequel nous a requis de recevoir les déclarations des trois agents qu'il avoit établis à la garde de *François*, à l'effet de constater d'une manière non équivoque, que depuis que le nommé *François* a été, par ordre du ministre *Sotin*, transféré chez lui, et à sa garde, ledit *François* n'en est sorti que deux fois et d'après les ordres dudit ministre, pour être conduit devant ce dernier, une première fois pour recevoir les fonds qui étoient envoyés de *Londres* audit *François*, et la seconde pour traiter avec le ministre, d'une seconde opération qui devoit se faire à *Londres*, par l'entremise de *Roussy* fils, et a signé, P. H. *Veyrat*; signé *Hanoteau* juge de paix.

Et à l'instant sont comparus les citoyens François *Pitoy*, demeurant à Paris, rue du petit Carrousel, n°. 657; Claude *Augé*, demeurant rue Etienne, n°. 4; et Laurent-Denis *Henicle*, deeurant rue Fromenteau, n°. 187; lesquels ont déclaré que, depuis le moment où le nommé *François* a été déposé chez le citoyen *Veyrat*, eux seuls ont été chargés, dès cet instant, et jusqu'à ce jour, de la garde et surveillance la plus stricte, tant de jour que de nuit, dudit *François*, et ce, sous leur responsabilité personnelle, et sur leur tête, condition qui leur a été imposée par le citoyen Veyrat que pendant tout le tems de leur garde, *François* n'a jamais dépassé le seuil de la porte de la première pièce; si ce n'est qu'il est sorti deux fois, accompagné d'eux déclarans et dudit citoyen *Veyrat*, pour aller chez le ministre de la police *Sotin*, et qu'aussitôt sa sortie de la police, il a été réintégré chez ledit citoyen *Veyrat*, sous la même garde et surveillance que celle qui l'y avoit accompagné.

Lecture à eux faite de leurs déclarations, ont dit icelles contenir vérité, y persister, et ont signé aux présentes; signé, *Augé*, signé, *Pitoy*; signé, *Henicle*, signé *Hanoteau*, juge de paix.

Et, à l'instant, sur la réquisition du citoyen *Veyrat*, et pour rendre hommage à la vérité, les citoyens *Pérard*, chef du bureau des interrogatoires, et *Maigne*, sous-chef du même bureau, ont déclaré avoir parfaite connoissance que *François* a été amené deux fois chez le ministre *Sotin*, et par ses ordres, pendant le tems que ledit *François* a été en détention chez lui, et pour les causes expliquées au réquisitoire du citoyen *Veyrat*, fait qui est également à notre connoissance, et ont lesdits *Pérard* et *Maigne* signé avec nous.

Signé, HANOTEAU, *juge de paix.*
PÉRARD, MAIGNE.

(*c*)

LIBERTÉ. ÉGALITÉ.

Paris, le 25 pluviôse, an 6 de la République, une et indivisible.

Le Ministre de la Police générale de la République

Au citoyen Veyrat, *inspecteur général.*

Il vous plaira, citoyen, continuer la surveillance la plus active sur la personne du nommé *François confié à votre garde.*

N'oubliez pas que vous en répondez au Gouvernement, tant qu'il n'a pas prononcé sur son sort.

Salut et fraternité.

Signé, Sotin.

Je soussigné certifie que tous les faits relatifs au nommé François, *émigré*, *et agent direct du prétendu* Louis XVIII *et de l'Angleterre*, *consignés au mémoire ci-dessus et des autres parts*, *sont rendus dans la plus exacte vérité.*

Hanoteau, *juge de paix.*

AUX
CITOYENS MEMBRES
DU DIRECTOIRE EXECUTIF.

Citoyens Directeurs,

Ami de la liberté dès l'enfance, le développement de mes facultés n'a fait qu'accroître en moi ce sentiment précieux; j'ai constamment combattu pour elle; j'ai reçu, en la défendant, d'honorables blessures; j'ai supporté avec courage et résignation les persécutions de ses ennemis; ma conduite morale et politique m'a valu les témoignages flatteurs du Gouvernement dans le sein duquel j'ai pris naissance (1).

Appelé à Paris par le desir et l'espoir de pouvoir y rassembler les débris d'une petite fortune que je possédois avant la révolution, et qui a été détruite par elle; j'ai eu le désagrément de voir cet espoir s'anéantir. Aidé de quelques amis, j'entrai dans le commerce; les commencemens,

(1) Voyez, ci-après, l'attestation du conseil de Genève, cotée n°. 1.

en m'annonçant un avenir tranquille, me fournissoient, dans le présent, les moyens de pourvoir aux besoins de ma famille, quand le hasard me découvrit les fils d'une trame odieuse qui s'ourdissoit contre la République ; sourd à la voix de mes intérêts personnels et à toutes autres considérations, j'abandonnai tout et ne m'occupai plus que des moyens de sauver la patrie, je sacrifiai même pour cela, jusqu'aux dernières ressources de mon existence ; enfin, j'eus le bonheur de réussir au-delà de mes espérances, je vis luire la mémorable journée du 18 fructidor, qui a anéanti pour jamais les projets des Pichegru, Rovère, Dumas, &c. &c.

Pour vous mettre à portée, citoyens Directeurs, d'apprécier les dangers que j'ai courus, et l'importance des services que j'ai rendus au gouvernement, daignez, je vous prie, prendre lecture du mémoire ci-après (coté 2), et vous jugerez ce que peut un homme qui s'expose volontairement aux coups des conspirateurs dans le sein desquels il est forcé de vivre pendant près de deux mois, et qui est assez maître de lui pour dérober à leurs yeux inquiets et perçants les mouvemens de l'indignation qui déchire son ame.

L'importance de ces services fut bien sentie par le ministre de la police générale, et la vive expression de sa reconnoissance, dont je conserverai toujours le précieux souvenir fut un baume salutaire qui cicatrisa toutes mes plaies. Ce ministre m'offrit une récompense pécuniaire et la place d'inspecteur général de police, je refusai l'argent et j'acceptai la place : elle me fournissoit de nouveaux moyens de servir le Gouvernement, de déployer pour lui mon énergie, mon courage, elle m'offroit des ressources suffisantes pour faire exister ma famille; elle combloit à la fois tous mes vœux; j'en ai rempli les fonctions de manière, j'ose le dire, à mériter de nouveaux éloges; j'appelle à cet égard le témoignage du ministre et de tous les chefs de ses bureaux; ils me rendront la justice de dire, que de toutes les opérations qui m'ont été confiées, je n'en ai pas manqué une seule; émigrés, conspirateurs, agents de l'Angleterre et du prétendu Louis XVIII, tous reconnus et jugés pour tels par les tribunaux, voilà les individus sur lesquels j'ai exercé mon ministère; mais je les ai poursuivis sans relâche; mon zèle ne s'est jamais ralenti, et je puis le dire avec gloire, mes succès ont contribué à l'affermissement de la République.

Une des opérations qui me furent confiées, dont j'aie le plus à m'applaudir, c'est l'arrestation du nommé *François*, agent en chef du prétendu Louis XVIII et de l'Angleterre (Il est encore détenu au Temple). Cette opération peut, à bon droit, être regardée comme la plus importante;

l'énumération des avantages que le Gouvernement en a retirés, suffira pour vous en convaincre; daignez, citoyens Directeurs, prendre lecture du mémoire relatif à cette affaire (1). Son contenu, bien fait pour vous intéresser, certifié véritable et authentique par le juge de paix qui a suivi l'instruction de cette procédure, en vous peignant la perfidie des ennemis de la république, vous donnera la juste mesure de mon attachement pour elle, et de mes moyens pour la servir.

Telle est, citoyens Directeurs, la manière dont je me suis conduit avant et depuis le 18 fructidor; les preuves de mon amour pour la liberté, de ma soumission aux loix, de mon attachement sincère au Gouvernement, ne peuvent être regardées comme problématiques; j'ai rempli, suivant ses desirs, et à son avantage, les fonctions de la place qui m'étoit confiée; j'ai abandonné mon état, auquel étoit attachée l'existence de ma famille, pour concourir à déjouer les projets des conspirateurs; en livrant ces ennemis de la liberté entre les mains du Gouvernement, j'ai fait verser dans ses coffres plus de onze mille louis; et sans m'être relâché un seul instant, je ne dirai pas de mes devoirs, mais de mon zèle ardent, de mon brûlant amour pour la république, sans m'im-

(1) C'est le précis qui est en tête de ce recueil.

puter

puter aucune faute, sans m'adresser aucun reproche, le ministre Dondeau me demanda, le 13 germinal dernier, ma démission; je refusai de la donner; je la reçus de lui. Je vous ai fait parvenir mes justes réclamations, et vous avez renvoyé ma demande en réintégration à ce même ministre; l'effet que j'attendois de ce renvoi a été retardé par le changement arrivé depuis dans ce ministère. J'ai présenté au citoyen Lecarlier un nouveau mémoire, (Cotté 3.) appuyé de la recommandation des citoyens Jean-Debry, Hardy, Delpierre, Enjubault, Bouigues, Montmayon, Roumel, Devink-Thierry, Fauvel, Dupire, Woussen, Duhot, Bollet et Cochet, tous membres du Conseil des cinq-cents, et je n'ai eu encore aucune réponse.

Aujourd'hui je m'adresse à vous, citoyens Directeurs, et je le fais avec confiance, persuadé que ce ne sera pas sans succès. Je connois les principes qui vous animent, la justice est votre guide, elle préside à vos délibérations, elle vous parlera en ma faveur. J'ai des droits à la générosité du gouvernement, je me borne à réclamer sa justice. La perte de la place que j'avois obtenu pour récompense de mes services, se présente à mes yeux sous des rapports bien douloureux; elle m'enlève à-la-fois, et l'espoir flatteur d'être encore utile à la chose publique, et le pain que je dois à ma famille, devoit-elle penser qu'après de si grands services on put jamais le lui enlever ? elle est cependant à la veille de s'en voir privée ; car, voué à la haine et à l'exécration de tous les suppôts du parti royaliste, devenu l'objet de leur vengeance, exposé à passer, aux yeux des républicains qui ne me connoîtroient pas assez, pour un être équivoque, ayant abandonné mon commerce pour voler au secours de la république que l'on vouloit anéantir, quels moyens puis-je employer désormais pour lui procurer son existence?

Je me plais à croire, citoyens Directeurs, que vous vous empresserez à me rendre justice ; vous accueillerez ma réclamation, vous me ferez réintégrer dans ma place, ou si (ce que je ne peux présumer) des motifs que je ne dois pas pénétrer, y portoient quelqu'obstacle, vous n'hésiterez pas à m'employer de manière à pouvoir être encore utile à la république et au gouvernement que je chéris et que je révère.

VEYRAT, *quai de la Monnoie*, n°. 4.

Paris, 27 prairial, an 6 de la République.

(N°. 1.)

ÉGALITÉ. LIBERTÉ.

Nous, Syndics et Conseil de la République de Genève, ayant vu la réquisition du citoyen Pierre-Hugues Veyrat, négociant, citoyen de Genève, dans laquelle il expose que les affaires de son commerce exigent sa présence à Paris, où il se propose de se fixer pendant quelque tems, pour les suivre avec plus de facilité et de fruit; mais que les loix de la République française, contre les étrangers, exigent de sa part des précautions qui le mettent à l'abri des événemens dans lesquels il pourroit être confondu avec des étrangers suspects ou inconnus; c'est pourquoi il conclut à ce que nous lui accordions un certificat qui constate sa qualité de citoyen de Genève et quelle a été sa manière de se conduire en cette ville jusqu'à son départ; certifions que le susdit Pierre-Hugues Veyrat est citoyen de Genève, qu'il supporte exactement toutes les charges publiques auxquelles les citoyens sont soumis par les loix, et qu'il jouit de tous les droits attachés à cette qualité: attestons de plus, à tous ceux qu'il appartiendra, que nous avons reconnu en lui un citoyen ami des loix, de la justice, soumis aux autorités constituées, et qui nous a donné des preuves de son attachement à sa patrie. En conséquence, nous le recommandons, sous ces qualités, aux autorités par devant lesquelles il pourra être appelé à se présenter, et ce, sous offre de réciproque. En foi de quoi les présentes sont données sous le sceau de la République et la signature de notre secrétaire, le douze d'août, mil sept cent quatre-vingt-quinze, l'an quatre de l'égalité genevoise.

Signé, DIDIER.

Sceau de la République de Genève.

Sceau de la République française.

Légalisé, Genève, 25 thermidor, an 3 de la République une et indivisible,

Le Résident de France, *Signé*, DESPORTES.

(N°. 2.)

PRÉCIS HISTORIQUE

De faits authentiques, relatifs à la journée du 18 fructidor, recueillis par le citoyen Veyrat, nommé à la place d'Inspecteur général de Police à cette époque, et destitué, par le citoyen Dondeau, Ministre de la Police générale, le 13 Germinal dernier.

Un vaste et horrible complot, mystérieusement ourdi par *Rovère*, *Pichegru* et compagnie, tendoit à rétablir, en l'an V, la royauté en France, si le génie tutélaire de la liberté n'eût fait luire le 18 fructidor, jour à jamais mémorable, qui a sauvé la république en terrassant ses ennemis. En vain les partisans du trône traiteront aujourd'hui cette conspiration d'illusoire et de chimérique, les détails de quelques faits que j'ai soigneusement recueillis, pendant près de deux mois, en déjouant journellement leurs projets atroces, les confondront d'une manière victorieuse. Je dois à mes concitoyens, à la postérité, le récit exact et fidèle d'une série d'événemens qui se sont passés sous mes yeux, d'une scène sur laquelle j'ai teprésenté moi-même, pour prévenir la catastrophe qui n'auroit pas manqué de l'ensanglanter.

Détracteurs de cette journée précieuse aux amis de la république, qui que vous soyez, ramassez le gant ; je vous porte avec assurance le défi le plus formel d'altérer ou de contester la vérité d'aucun des faits que je vais citer.

FAITS.

Au commencement de thermidor an V, je me trouvai à dîner, chez un restaurateur, avec un ancien officier de vétérans, nommé *Chauveau*, que je connoissois depuis long-tems, mais que je ne fréquentois point; nous liâmes conversation; je m'apperçus, à ses propos, qu'il jouoit quelque rôle important et mystérieux, je voulus m'en convaincre ; je prolongeai le dîner; ce moyen m'a souvent servi dans d'autres circonstances; je ne l'employai pas infructueusement avec Chauveau. Il me déclara qu'il étoit chef d'une contre-police, sous les ordres de *Rovère*, *Dumas*, *Pichegru* et autres inspecteurs de la salle des conseils, et que leurs intentions étoient d'anéantir le gouvernement, et d'ensevelir la république sous ses ruines.

J'eus peine à retenir mon indignation ; je dissimulai cependant, et dans la crainte que l'altération de mes traits ne décélât ce qui se passoit dans mon ame, je m'empressai de terminer cette entre vue dont je fus sur-le-champ rendre compte à un représentant du peuple du conseil des 500, ami de la liberté et le mien, et je lui fis part de tous les détails. Ce vertueux citoyen m'engagea à les transmettre, sans différer, au citoyen Sotin, Ministre de la Police générale, et il me remit, pour ce ministre, une lettre par laquelle il l'invitoit à m'accorder toute confiance.

Il seroit difficile de peindre l'étonnement dans lequel le récit de ces faits jeta le ministre de la police générale; il m'engagea, au nom de la république, à suivre les fils de cette trame perfide; il me conseilla de faire en sorte de m'établir au milieu de ces scélerats en ayant l'air de faire cause commune avec eux.

L'extrême répugnance que j'avois de me lier avec de pareils monstres, céda sans peine à l'intérêt de la république, qui causoit en ce moment toute ma sollicitude; je promis tout au ministre, et je le quittai pour aviser aux moyens de réaliser mes promesses. Elles ne tardèrent pas à avoir leur exécution; j'eus la satisfaction de lui annoncer deux jours après, que ce même Chauveau m'avoit présenté au général Raffet; que je m'étois conduit avec ce dernier de manière à lui inspirer assez de confiance pour l'engager à me présenter le lendemain à Rovère, et à se rendre caution de moi; que j'avois été installé avec Dossonville, Raffet et plusieurs autres, et que Rovère nous avoit délivré des diplômes imprimés et signés de lui, qui nous donnoient entrée de jour et de nuit au milieu de ces conspirateurs, et je fis voir à l'instant au ministre celui dont j'étois porteur.

Dès le lendemain je me rendis à mon poste, dans le sein du comité des inspecteurs de la salle. C'étoit là que journellement, et en ma présence, se formoient les complots; c'étoit là que se traçoient les plans de conspiration contre les directeurs républicains et les membres des conseils les plus dévoués au gouvernement; tous ces plans ne tendoient à rien moins qu'à enlever à ces chauds amis de la liberté une estime généralement méritée et à provoquer contre eux, par le corps législatif lui-même, des mesures qui ne pouvoient qu'opérer leur perte.

Les inspecteurs nous annonçèrent qu'ils avoient en leur pouvoir un dépôt d'armes suffisant pour exécuter leur projet, et ils formèrent un état-major dans lequel ils me donnèrent une des premières places; enfin ils désignèrent le lieu où chacun de nous devoit se rendre pour s'y organiser en corps de troupes et faire armer les conjurés qui devoient s'y rencontrer.

Indépendamment de ces derniers, qui ne laissoient pas que d'être nombreux, et qui correspondoient avec eux, ils comptoient sur les grenadiers du corps législatifs qu'ils avoient disoient-ils, épurés dans leurs sens.

Chaque jour je faisois des rapports au ministre, et chaque rapport entravoit leurs projets ; leurs armes ne tardèrent pas à leur être enlevées.

Les inspecteurs employèrent tout le mois de thermidor à fortifier leur parti et à travailler à divers projets, qui devoient, suivant eux, désorganiser les républicains et opérer le renversement de la république.

Ils envoyèrent, dans les départemens, des agens chargés de propager leurs principes, et d'y préparer le même mouvement qu'ils devoient provoquer à Paris. Un de leurs principaux moyens étoit de répandre, avec profusion, des affiches liberticides, tendantes à faire fermenter les esprits, afin d'armer les citoyens les uns contre les autres. C'étoit à l'aide de la guerre civile, à travers de ses affreux résultats, qu'ils comptoient frayer le chemin qui devoit conduire à la royauté. On verra, par les détails suivans, qu'ils ont suivi ce plan avec autant d'opiniâtreté que d'ardeur.

Le 4 fructidor, Rovère me chargea de m'entendre avec Dodoucet, imprimeur, rue Taranne, sur les moyens de faire afficher sans danger un libelle sorti de la plume de Rovère, que Dodoucet avoit imprimé, et qui portoit pour titre, *Quelques faits relatifs à Barras le mineur*, production virulente, bien dignes de son auteur, et n'offrant qu'un tissu de mensonges obscurs, noyés dans les flots écumans du plus dégoûtant royalisme.

Dodoucet avoit choisi, pour afficher cet écrit, une nommée *Félix Bastia*, demeurant rue du Bout-du-Monde, n°. 156 : les inspecteurs, pleins de confiance dans mes moyens, me chargèrent de faire protéger cette opération.

Le lendemain, à quatre heures du matin, l'écrit fut affiché ; mais le ministre, que j'avois prévenu, faisoit enlever l'affiche par ses agens au moment même où elle étoit posée.

Les conférences des inspecteurs avec *Barthelemi* et *Carnot* devenoient fréquentes ; elles furent surveillées d'une manière utile pour la chose publique. C'est à cette époque que Dodoucet dit à Rovère, en ma présence, que ces deux directeurs mettoient tout en usage pour gagner et ranger de leur bord la majorité du directoire ; que s'ils y parvenoient, il n'y auroit plus alors d'action générale ; que l'on feroit à Paris comme à Lyon, que l'on assommeroit ou que l'on jetteroit dans la Seine, tous ceux qui seroient désignés ou connus pour républicains. Je crois devoir ajouter que Rovère et ses collègues applaudirent à ce *louable* projet.

Rovère fit encore imprimer à Dodoucet un écrit ayant pour titre : *appel au Parisiens.* Ce libelle fut affiché et enlevé comme le premier.

J'appris que Dodoucet cachoit ces imprimés contre-révolutionnaires dans le garde-paille du lit d'un Grec, hôtel de Virginie, place Vendôme. Cet avis ne fut pas perdu.

Rovère ne se lassoit pas d'écrire : le 5, il me remit encore une de ses productions ; elle avoit pour titre : *avis aux jeunes-gens de Paris.* Affichée comme les autres, elle fut enlevée de même.

Cette production fut immédiatement suivie d'une autre, que Dodoucet fit également imprimer et afficher ; elle étoit intitulée : *avis aux Parisiens sur le plan d'une conspiration.* L'importance que Rovère et Dodoucet attachoient à cet écrit, les décidèrent à employer, pour l'afficher, d'autres moyens que ceux dont ils s'étoient servis jusqu'alors ; ils donnèrent la préférence à ceux de la lanterne magique (1) et de la double affiche (2)

---

(1) Dans une caisse parfaitement semblable à ce qu'on appelle la lanterne magique, on renferme un enfant de 8 à 10 ans, avec affiches, colle et pinceau : cette caisse est portée par un individu, dont le costume est analogue à ce genre de profession. Le porteur s'arrête, sans conséquence, au coin des rues ; il appuie sa caisse contre un mur où l'on pose ordinairement les affiches ; l'enfant fait sa besogne, et un signal convenu annonce la fin de l'opération.

(2) Le moyen de la double affiche est moins ingénieux : on couvre d'une affiche qui ne contient rien d'important, celle que l'on a intérêt de placarder ; l'affiche apparente est collée seulement sur les quatre coins de la première : l'imprimé ainsi doublé et affiché, on peut enlever le rideau sans conséquence et sans danger.

Un dernier moyen de perfidie en ce genre ; fut imaginé ; on le regardoit comme décisif et propre à accélérer la réussite de l'atroce projet que l'on méditoit ; c'étoit de faire placarder une nouvelle affiche contre les grenadiers du corps législatif ; dans ce libelle, dont la troupe alors en garnison à Paris, devoit paroître l'auteur, on injurioit les grenadiers du corps législatif, on les traitoit de *grands lâches*. &c. &c. On prépara le cannevas, et Rovère fut chargé de la rédaction ; les inspecteurs et Dodoucet se flattoient que cette affiche opéreroit une scission entre ces deux corps de troupes, dont le résultat, en armant l'un des deux contre les républicains, assureroit victorieusement le succès de la cause royaliste ; ils se livrèrent en ma présence à cet extravagant et ridicule espoir. Ce secret important ne fut confié qu'à moi seul ; je fus chargé de la conduite de cette affaire, et d'instruire promptement le comité de ses résultats.

Si ce coup paroissoit important aux conspirateurs, les amis, les zélés défenseurs de la chose publique, ne devoient pas négliger de le parer. Le ministre de la police, que j'en informai sur-le-champ, s'occupa sans délai des moyens propres à l'amortir ; il fut résolu que des agens de la police arrêteroient la femme Bastia, et saisiroient les affiches qui seroient trouvées sur elles ; que pour ne pas détruire la confiance que les inspecteurs avoient en moi, j'aurois l'air de m'opposer à cette arrestation, et que pour revêtir cette opposition de vraissemblance, je tirerois sur les agens de la police, deux coups de pistolet chargé à poudre, et que je fuirois aussi-tôt; le 8, cette résolution fut exécutée.

En conformité de mes instructions, je me rendis incontinent chez Raffet, et de suite chez Rovère ; je leur fis valoir le danger que je venois de courir; je leur rendis compte de l'arrestation de leur femme de confiance, de la saisie de tous les papiers qu'elle portoit, et de l'infructuosité du secours que je lui avois donné, quoiqu'appuyé de deux coups de pistolet.

Cet événement, dont mon prétendu dévouement à leur cause n'avoit pu les garantir, loin de diminuer leur confiance, ne fit que la cimenter davantage. Rovère, Willot, Dumas, Pichegru, Raffet, &c. m'en donnèrent les marques les moins équivoques. Je leur offris d'aller avertir Dodoucet de ce qui venoit de se passer, cette offre tenoit à mes instructions, elle fut acceptée, je partis pour la réaliser, mais j'arrivai chez Dodoucet assez tard pour donner à la police le tems de s'assurer de son domicile et de sa personne; le tout fut ponctuellement exécuté.

Dodoucet fut arrêté le 13 : on trouva et l'on saisit chez lui diverses affiches, et une quantité de médailles et de matrices en plomb, représentant des allégories royalistes, dont il devoit faire usage immédiatement après l'exécution du projet des conspirateurs. Tous les faits précités et relatifs à Dodoucet et à la femme Bastia, tous deux encore détenus depuis le 13 fructidor, sont entre les mains de l'accusateur public près le tribunal criminel du département de la Seine.

Ces contre-tems ne firent qu'irriter l'audace des inspecteurs, ils se déterminèrent à hâter l'explosion. Divers arrangemens étoient pris pour accélérer le mouvement; ils commencèrent à travailler les troupes pour parvenir à les corrompre; ils se procurèrent de nouvelles armes, elles ne restèrent pas long-tems en leur pouvoir, je les fis saisir avant qu'ils pussent s'en assurer la possession. Je ne perdis pas de tems, je me hâtai de fournir les renseignemens nécessaires pour faire arrêter tous les individus qui devoient commencer et organiser le mouvement. Les momens étoient précieux; il n'y en avoit pas un à perdre; il falloit ou prendre un parti, ou voir allumer les flambeaux de la guerre civile; le 18 fructidor fut décidé. On se saisit des principaux auteurs du projet atroce qui devoit opérer la contre-révolution; la liberté triompha et la république fut sauvée.

Cette journée mémorable mit un terme à la mission que je remplissois depuis deux mois, mission glorieuse, j'ose le dire, et chère à mon cœur, mais dont l'amour seul de la liberté m'a fait supporter, je ne dirai pas les dangers et les fatigues, un vrai républicain ne les connoît pas, mais les désagrémens horribles. Qu'on se figure un patriote pur, un ami sincère de la liberté, forcé de passer une partie des jours et des nuits dans le sein des conspirateurs, obligé non-seulement de maîtriser ses esprits justement révoltés, mais d'applaudir aux mesures atroces et liberticides qui se prenoient, qui se calculoient en sa présence, et l'on aura sous les yeux l'exquisse des souffrances que peuvent faire endurer deux mois de torture et d'angoisse. Les instans que je passois avec le ministre de la police générale, pour lui rendre compte des progrès de cette trame odieuse, étoient les seuls où il me fût permis de respirer.

Les ordres les plus précis d'examiner soigneusement tous les individus qui se rendoient journellement chez le ministre de la police générale, étoient donnés en ma présence ; toutes les démarches de ses agens et de ses affidés étoient scrupuleusement épiées, et je m'y rendois toutes les nuits, et j'ai eu le bonheur de tromper leur vigilance et de concourir à déjouer leurs projets ; et actuellement que la sagesse et la paternelle sollicitude du gouvernement m'a arraché, en renversant les projets des traîtres, le masque affreux dont j'avois été forcé de m'affubler pour le servir ; actuellement que les partisans de la royauté, dont les noms sont consignés dans nombre de rapports déposés à la police, menacent d'attenter à mes jours, j'existe et je tiens la plume pour dévoiler leur perfidie. Génie tutelaire des républicains, tu m'a couvert de ton égide ! fort de ton appui et de ma conscience, je saurai braver les menaces des lâches qui cherchent en vain à m'intimider. Leurs propos, leurs apostrophes, ne feront qu'accroître, s'il est possible, mon dévouement à la cause sacrée que je défends depuis mon enfance, et alimenter mon énergie et mon courage.

Un moment, un seul moment dont le souvenir, cher à mon cœur, sera toujours présent à ma mémoire, a cicatrisé toutes mes plaies. Le sentiment délicieux que j'éprouvai quand le canon d'allarme se fit entendre, peut mieux se goûter que se rendre ; je sentis mon cœur prêt à se fendre quand le ministre, me présentant à une partie de l'état-major qui l'environnoit, lui parla en ces termes : « Voilà le digne républicain dont je vous ai parlé ; c'est lui qui a puissamment contribué au succès de cette journée, par son courage, son intelligence et son ardent amour pour la cause de la liberté ». Le ministre et les généraux me serrèrent dans leurs bras.

Ce même jour le citoyen Sotin me nomma inspecteur général de police près son ministère, et m'offrit une récompense pécuniaire ; j'acceptai la

place

place avec reconnoissance, et je refusai l'argent comme je le devois. Les services que j'ai eu le bonheur de rendre dans l'exercice de cette place, m'ont mis dans le cas de m'applaudir de l'avoir acceptée. Emigrés, conspirateurs royaux, agens de Pitt et du prétendu Louis XVIII ont été découverts et arrêtés par moi, et les tribunaux en ont fait justice. De ce nombre étoient les ci-devant comtes de *Chenu*, *Édouard Menard*, *Trion*, dit *Cassino*, &c. &c.

C'est en multipliant mes soins et mon activité, que je suis parvenu à rompre les intelligences entre les ennemis intérieurs et extérieurs de la république. Leur correspondance, plusieurs fois saisie, offre la preuve de ce que j'avance. Une infinité d'expéditions de police que j'ai faites et suivies avec succès pour le gouvernement, et dont je puis justifier l'existence, mais auxquelles mon devoir me défend de donner de la publicité, malgré l'intérêt qu'elles présentent, viennent encore à l'appui de mon assertion. Je peux attester sur la vérité (et j'appelle, à cet égard, le témoignage du ministre de la police et des chefs de ses bureaux) que de toutes les opérations qui m'ont été confiées depuis mon entrée à la police, jusqu'au moment où j'en suis sorti, je n'en ai pas manqué une seule.

Cependant (et l'on me pardonnera sans doute mon étonnement à cet égard) le 13 germinal dernie, le citoyen Dondeau, ministre actuel de la police générale me demanda ma démission; je refusai de la donner, je la reçus de lui. Je ne suis donc plus utile, me suis-je dit à moi-même, ou quelqu'être plus capable est désigné pour me remplacer? J'ai poursuivi ceux qui refusoient d'obéir aux loix; je les ai toujours respectées, je les respecterai toujours; je respecte les autorités; j'aime ardemment la république; je lui ai sacrifié ma fortune: qu'elle prospère, qu'elle s'affermisse! J'ai encore un sacrifice à lui faire, il ne me coûtera pas plus que le premier, c'est celui de ma vie.

Paris, ce 18 floréal an VI,

Pierre-Hugues VEYRAT.

J'atteste la vérité des faits relatifs au 18 fructidor, contenus dans cet écrit, en observant qu'il s'en faut beaucoup que tout ce qui justifiera cette journée aux yeux de la postérité, y soit rapporté; j'atteste de plus, que j'ai eu beaucoup d'autres occasions d'éprouver la sagacité et le dévouement du citoyen Veyrat.

SOTIN.

Le 18 floréal, an VI, ce mémoire a été remis aux cinq membres du Directoire, à tous les Ministres, à la majeure partie des Représentans, membres des deux Conseils, à l'Accusateur public près le tribunal criminel du Département de la Seine, &c, &c,

(Nº. 3.)

Le Citoyen VEYRAT, Inspecteur-général de Police, depuis le 18 Fructidor an 5, jusqu'au 13 Germinal suivant.

Au Citoyen LECARLIER, *Ministre de la Police générale.*

CITOYEN MINISTRE,

Deux mois avant le 18 fructidor de l'an 5, j'étois à la tête d'une maison de Commerce qui me procuroit les moyens de subsister avec ma famille, lorsque je découvris qu'il se tramoit un complot contre la République.

Le desir d'être utile à la cause de la liberté me fit faire à l'instant le sacrifice de mon état pour ne plus servir que le Gouvernement. J'eus le bonheur de réussir en secondant ses vues, comme vous le verrez dans le Mémoire ci-joint.

Le Ministre m'offrit une récompense pécuniaire et la place d'Inspecteur-général de Police : malgré les sacrifices considérables que j'avois été obligé de faire pour ne pas rendre infructueuse la mission secrette et im-

Recommandé d'après le vû des détails contenus en ce mémoire, et du précis historique distribué aux conseils.

Signés, JEAN DEBRIE.

HARDY, du conseil des Cinq-cents.

DELPIERRE, du conseil des Cinq-cents.

ENJUBAULT, du conseil des Cinq-cents.

BOUYGUES.

MONTMAYOU.

ROUMÉL.

Les Représentans du peuple, membres de la députation du département du Nord, invitent le Ministre de la Police générale de vouloir accueillir la demande du citoyen Veyrat ; les services qu'il a rendus à la République, lui méritent la confiance et l'estime des sincères amis de la Liberté.

Paris, ce 29 floréal, an VI.

Signés, DEVINK-THIERRY.

A. FAUVEL.

DUPIRE.

WOUSSEN.

DUHOT.

BOLLET.

H. COCHET.

portante dont m'avoit honoré le Gouvernement, je refusai la somme d'argent qui me fut offerte, et me contentai d'accepter une place qui me mettoit encore à même de servir utilement la République.

Je m'y suis comporté de manière à justifier la confiance de tous les amis de la liberté ; de toutes les opérations qui me furent confiées, je n'en ai manqué aucune, j'en appelle à vos prédécesseurs et à tous les Chefs de division ; néanmoins le 13 germinal dernier, le citoyen Dondeau me donna ma démission. Cette conduite de sa part, a dû m'étonner d'autant plus, que je n'ai jamais cru démériter du Gouvernement ; aussi, je me suis adressé au Directoire, en lui remettant un exemplaire du Mémoire que je vous présente ; pénétré de la justice de ma réclamation il l'a envoyé au Ministre de la Police générale, mais le changement de ce dernier, dont il étoit déjà question, m'avoit fait différer toute démarche auprès de lui.

Aujourd'hui que vous occupez cette place importante, je m'adresse à vous, citoyen Ministre, avec toute la confiance que m'inspirent vos vertus républicaines. Je crois inutile d'entrer dans des détails déjà consignés dans mon Mémoire et qui vous prouveront le zèle qui m'a toujours animé pour le triomphe des loix et le maintien de l'ordre public. Fort de l'estime de tous ceux qui en sont les vrais amis, je vous demande d'être réintégré dans ma place d'Inspecteur-général de Police. Votre justice, mon respect pour les loix et pour le Gouvernement auquel je suis tout dévoué, me font espérer, citoyen Ministre, que vous accueillerez favorablement ma demande.

Salut et respect,

VEYRAT, *Quai de la Monnoie*, N°. 4.

Paris, le 29 Floréal. an 6 de la République.

www.ingramcontent.com/pod-product-compliance
Ingram Content Group UK Ltd.
Pitfield, Milton Keynes, MK11 3LW, UK
UKHW020113240726
13926UKWH00011B/1068